ANALYSE SOMMAIRE
DE LA CAUSE ET DES MOYENS

Des Sieurs Curé & Marguilliers de S. Nicolas du Chardonet.

CONTRE les Prêtres de la Mission reſidans à la Maiſon des Bons-Enfans.

HERCHER à se rendre indépendant de toute Paroiſſe, à ne reconnoître aucun Curé, & à ſe ſervir de Paſteur à ſoi-même, c'eſt une entrepriſe également contraire aux Reglemens les plus précieux de la diſcipline, à l'ordre public, & à la Juriſprudence conſtante des Arrêts.

L'état auquel les Superieurs des Bons-Enfans aſpirent tend préciſement à cette indépendance. Ils veulent s'adminiſtrer & s'enterrer eux-mêmes, quoiqu'ils ayent toujours été ſoumis à la Paroiſſe de S. Nicolas du Chardonet, & qu'ils y rendent encore le pain beni. Une exception de ce caractere demanderoit, ſans doute, les privileges les plus précis & les plus autentiques, & bien-loin d'en oppoſer de tels au Curé de S. Nicolas, le droit & la poſſeſſion ſe réuniſſent en faveur de la Paroiſſe.

Les Superieurs des Bons-Enfans y penſent-ils de lui conteſter une autorité, que les titres les plus certains & les plus reſpectables lui aſſurent, & qu'ils ont eux-mêmes reconnuë?

FAIT.

Le ſieur de Villecaſſe, Principal du College, & Superieur du Seminaire des Bons-Enfans, mourut le 16 Juillet 1740, ſans que le Curé de S. Nicolas eût été inſtruit de ſa maladie, & ſans qu'on ſe fût adreſſé à la Paroiſſe, pour lui faire adminiſtrer les Sacremens. Le 17, le General des Miſſionaires écrivit au Curé de S. Nicolas, pour lui faire part de cette

A

mort, & *le suplier d'agréer*, que le sieur de Villecasse fût enterré *dans la Chapelle du Seminaire*. Le Curé y consentit, à condition, que l'enterrement se feroit par son Clergé. Mais les Missionaires, qui cherchoient apparemment à se faire une possession, ne jugerent pas à propos de déferer à une proposition aussi raisonnable. Ils se hâterent de faire benir une de leurs caves ; & c'est dans ce lieu saint, devenu tout à coup celui de la sépulture des Superieurs des Bons-Enfans, que le sieur de Villecasse a été inhumé.

Le Curé de S. Nicolas également touché de l'indécence de ce procedé, & des atteintes qu'il portoit aux droits de la Paroisse, a formé sa complainte du trouble, qui lui étoit fait ; les Marguilliers sont intervenus ; & les Superieurs de la Congrégation de S. Lazare, qui ont pris fait & cause, pour les Missionaires residans aux Bons-Enfans, ont évoqué l'affaire au Grand-Conseil.

MOYENS.

Les Superieurs des Bons-Enfans ne contestent point au Curé de S. Nicolas le droit d'administrer, & d'enterrer les Boursiers, les Pensionaires, & les Seminaristes ; le privilege qu'ils réclament leur est personnel. Ils sont membres de la Congrégation de la Mission, & en cette qualité, ils prétendent être exempts de la Paroisse.

Mais cette qualité est-elle suffisante, pour établir l'exemption ? Les Prêtres de la Mission sont-ils indépendans des Paroisses ? Et quand ils pourroient s'attribuer ce privilege, pourroit-il se transmettre aux Superieurs de la Maison des Bons-Enfans ?

Le Curé de S. Nicolas ne s'étendra pas à prouver que les Curez étant de Droit commun les Pasteurs de tous ceux qui resident dans les limites de leur Paroisse, ils ont seuls le droit de les administrer, & de les enterrer. Les Superieurs des Bons-Enfans prétendent être *dans la Paroisse, sans être de la Paroisse*, ils reclament une exception, quels sont leurs titres ?

Les exemptions ne sont fondées qu'en privilege particulier, disoit M. Bignon dans la Cause de l'Abbaye de la Regle au Diocese de Limoges. Pour les établir, *il faut faire apparoir des titres exprès suivis d'une possession legitimément continuée*. Or les Superieurs des Bons-Enfans n'ont ni titre, ni possession. C'est un fait constant, que depuis 1631, qu'ils s'y sont établis, ils ne se sont jamais administré les derniers Sacremens, ni enterré, jusqu'au mois de Juillet 1740, que le sieur de Villecasse a été inhumé dans une cave de la Maison.

Jamais ils n'ont eû les saintes Huiles : Ils n'ont point eû de Cimetiere, puisqu'ils ont été obligez de faire benir une cave pour l'inhumation du sieur de Villecasse ; jamais ils n'ont eû de Registres mortuaires. Il leur est impossible de citer aucun exemple de l'exercice du droit, qu'ils reclament aujourd'hui.

Envain allegueroient-ils, que s'ils n'ont point joui de leur privilege, c'est qu'il ne s'en est trouvé d'occasion, qu'en l'année 1740 ; non-seulement ils n'ont enterré aucun Missionaire dans la Maison des Bons-Enfans, mais ils n'ont pû le faire, n'ayant ni les saintes Huiles, ni Cimetiere, ni Registres mortuaires. Si leur droit étoit réel & certain, ils auroient eû foin d'en avoir, & en juſtifiant leur poſſeſſion, à cet égard, ils feroient recevables à dire, qu'ils n'ont fait aucun uſage de leur droit, parce qu'ils ne ſe ſont pas trouvez dans le cas de l'exercer.

Mais n'ayant jamais eu ni Cimetiere, ni Regiſtres mortuaires, le défaut de poſſeſſion eſt pleinement démontré.

Les Curez de S. Nicolas, au-contraire, ont conſtamment enterré tous ceux qui ſont morts dans cette Maiſon. Depuis cinq à ſix ſiécles qu'elle ſubſiſte, le Cimetiere de la Paroiſſe a toujours été celui de ce College, & ſi les Regiſtres, qui n'ont été mis en regle, que long-tems depuis que les Miſſionaires y ont été établis, ne fourniſſent aucune preuve contr'eux; le Curé & les Marguilliers trouvent un témoignage bien précis de leur poſſeſſion dans le certificat, que le ſieur Joſeph Boucher, Curé de S. Nicolas, donna le 16 Février 1681. Dans cet acte, qui a été fait dans un tems non-ſuſpect, qui a été produit, ſans réclamation des Miſſionaires, & que le Curé de S. Eſtienne du Mont oppoſa aux Peres de la Doctrine, dans la conteſtation, qu'il avoit avec cette Congrégation, le Curé de Saint Nicolas du Chardonet atteſte, avec la confiance la plus aſſurée, qu'il eſt dans l'uſage & la poſſeſſion d'adminiſtrer, non-ſeulement les Penſionaires du Seminaire des Bons-Enfans, mais même les Prêtres de la Miſſion, lorſqu'ils y tombent malades, & en cas de mort de les enterrer ſans aucune conteſtation, comme ſes autres Paroiſſiens. Quelle difference entre la ſituation des Curé & Marguilliers de Saint Nicolas, & celle des Miſſionaires, par rapport à la poſſeſſion?

Ce n'eſt pas, que les Miſſionaires n'ayent conçu, depuis long-tems, le deſſein de dépouiller la Paroiſſe de l'exercice de ſes droits. Mais tout ce qu'ils ont fait, juſqu'à preſent, pour y parvenir, n'a ſervi, au-contraire, qu'à le confirmer. C'eſt ainſi, qu'en tranſportant furtivement & de nuit, à la Maiſon de S. Lazare, le corps du prédeceſſeur immédiat du ſieur de Villecaſſe, ils ont atteſté le plus formellement leur impuiſſance, & par conſéquent le droit du Curé de S. Nicolas. De même, en demandant, en cette occaſion, au Curé, la permiſſion d'enterrer le ſieur de Villecaſſe dans la Chapelle du Seminaire, ils ont reconnu le plus expreſſément, qu'ils n'avoient pas cette faculté par eux-mêmes, & ſans ſon autorité.

Quant aux titres, que les Superieurs des Bons-Enfans produiſent, ils ſe réduiſent, d'une part, à leur qualité de Congrégation, & de l'autre, à la clauſe de la Bulle d'Urbain VIII. de 1632, qui leur accorde *tous les privileges & immunitez, dont jouiſſent toutes les autres Communautez ſemblables ou diſſemblables.*

La Bulle d'Urbain VIII. forme-t-elle un titre ſuffiſant, pour leur aſſurer l'exemption qu'ils prétendent?

1°. Il n'y a rien dans la Bulle qui puiſſe autoriſer cette exemption, que la clauſe vague, qu'on vient de rapporter. Or cette clauſe n'eſt-elle point abuſive, par ſa generalité même? N'eſt-il pas de l'interêt public, qu'on s'éleve contre ce nouveau ſtile de la Cour de Rome, qui déſigne, par le fait, une plenitude de puiſſance, & une autorité ſouveraine, pour diſpenſer arbitrairement des regles les plus importantes, & les plus generales?

2°. Cette clauſe ne peut renfermer le privilege particulier, dont il s'agit, qu'en la laiſſant dans ſa generalité, & en la prenant dans toute ſon étenduë : Que les Miſſionaires ayent droit de jouir de toutes ſortes d'immunitez, c'en eſt aſſez pour qu'ils puiſſent reclamer l'exemption des Paroiſſes. Mais ſi cette clauſe a néceſſairement des reſtrictions, qui la limitent, ſi les Miſſionaires ſont forcez d'avouer, qu'il y a des immunitez, qu'elle ne leur permet pas de demander; il eſt évident, qu'elle n'eſt pas ſeule ſuffiſante, pour leur donner l'exemption particuliere, qui fait l'objet de la conteſtation, & qu'ils ſont obligez d'établir, que cette exemption eſt du nombre de celles, qui ſont contenuës dans la clauſe, & non pas de celles, qu'ils ne peuvent reclamer, en conſéquence : Or il eſt certain, d'une part, que cette clauſe ne doit pas être priſe dans toute ſon étenduë, puiſqu'elle les exempteroit de la Juriſdiction des Evêques, & qu'ils n'oſent le ſoutenir : Ils ſont ſoumis aux Evêques, & ils l'ont toujours été ; les Lettres d'établiſſement de Seminaire, que Monſieur le Cardinal de Noailles leur a données en 1707, portent préciſément, qu'ils dépendront des Archevêques de Paris, dans l'adminiſtration des Sacremens. Et l'Acte de fulmination de la Bulle d'Urbain VIII. ne reſerve pas moins expreſſément leurs droits. D'autre part, ils ne prouvent point, que le privilege conteſté ſoit du nombre de ceux, qu'ils peuvent trouver dans la clauſe, il leur eſt impoſſible de le prouver, & l'autorité des Evêques étant à couvert, celle des Curez, qui en eſt comme une ſuite, ne doit pas l'être moins.

3°. Si l'induction, que les Miſſionaires tirent de la clauſe, étoit legitime, ils devroient aller, juſqu'à dire, que les Seminariſtes, & autres Habitans de la Maiſon des Bons-Enfans ſeroient exempts de la Paroiſſe de S. Nicolas, parce que la Bulle accorde à leurs Maiſons la même exemption, qu'à leurs perſonnes. Le privilege, qu'elle renferme, n'eſt pas moins réel que perſonnel : Donc, s'ils ſont autoriſez à reclamer le droit de s'enterrer aux Bons-Enfans, parce que cette Maiſon appartient à la Congrégation, & que dans toutes les Maiſons, qui en ſont dépendantes, la clauſe doit être exécutée, il eſt évident, qu'ils pourroient demander l'exemption pour leurs Seminariſtes & Penſionaires, comme pour eux.

4°. Les regles conſacrées par le Droit, & par la Juriſprudence, ne permettent pas d'écouter les Miſſionaires. 1°. Le privilege ne s'établit, que ſur un titre clair & précis, qui exprime poſitivement l'objet de la grace. C'eſt la diſpoſition d'un Concile de Toulouſe de 1590 *, & des Décretales au titre des privileges **. M. Talon ſoutint cette maxime, comme certaine dans la cauſe du Chapitre de S. Aignan, contre les Curez d'Orleans, & dans celle de l'Evêque de Chartres, contre ſon Chapitre. 2°. Il faut que le privilege ſoit contradictoire avec ceux, dont il reſtraint la Juriſdiction. Le Pape Luce II. ne voulut point accorder le privilege de Caſtellane, ſans l'avis de l'Evêque (tome 5 de l'Italie ſacrée). Innocent III. en uſa de même, pour l'exemption de l'Abbaye de Jouare (*cap. ex parte, x. de privil.*). Gregoire VII. ſuivit la même regle, pour une Abbaye du Dioceſe de Tortone (*L. 1, epiſt. 33, tom. 10 Concil.*) Le cinquiéme Concile de Latran le décide expreſſément, (*ſeſſ. 10, tom. 10 Concil.*) auſſi-bien que celui de Conſtance, dont voici les paroles : *Non intendimus facere*

facere exemptiones nifi caufâ cognitâ & vocatis quorum intereſt. (Tom. 12 Concil.)
M. Capel, Avocat General, oppofa cette regle au Privilege du Chapitre d'Angers (pr. des Libertez de l'Eglife Gallicane ;) & M. Talon, l'employa comme un moyen décifif contre l'exemption du Chapitre de Sens. Or il eſt certain que le confentement des Curez n'a point été demandé, ni obtenu. 3°. Les Conciles de Latran & de Conſtance, demandent une caufe jufte, & il n'eſt pas poffible de trouver un motif raifonnable, à l'exemption que les Miffionaires prétendent. 4°. Sans une claufe dérogatoire aux Saints Canons, une exemption doit être rejettée, felon la glofe fur le 37°. Canon du quatriéme Concile de Latran ; Fagnan & les autres Canoniſtes fur le chapitre *nonnulli*, *tit. de Refcriptis*, & fur le chapitre *ex parte*, *tit. de Privileg.* M. Talon infiſta fingulierement fur cette nullité dans fon plaidoyer, contre le Chapitre de Sens, en 1667. Or, bien loin que la Bulle d'Urbain VIII. déroge aux Canons, elle contient une claufe expreffe, pour n'y pas déroger. Enfin ces regles doivent être fuivies plus rigoureufement contre les exemptions accordées aux Communautez Séculieres, qu'aux Régulieres. C'eſt le principe de M. Talon, contre le Chapitre de Sens.

5°. Outre ces regles, qui ne permettent pas d'avoir égard au prétendu Privilege des Miffionaires, il y a, dans la Bulle d'Urbain VIII. des claufes, qui s'oppofent à l'interpretation que les Miffionaires veulent lui donner. Ce Pape accorde aux Miffionaires, toutes les immunitez des autres Communautez; mais avec des reſtrictions importantes. » *Dummodo* » *tamen fint in ufu, & non revocata, neque fub aliquâ revocatione comprehenfa,* » *facrifque Canonibus & Concilii Tridentini decretis & aliis apoſtolicis conſtitutio-* » *nibus, diɛæque Congregationis Miffionis regularibus inſtitutis non repugnent.* La Bulle d'Urbain VIII. met les faints Canons à couvert : Or, cette claufe feule a fuffi au Parlement de Paris, pour annuller par fon Arrêt du 24 Janvier 1510, les Privileges accordez au College de Montaigu, dans la Bulle du 24 Mars 1501. Celle d'Urbain VIII. excepte pofitivement les exemptions contraires à l'établiffement des Miffionaires;& ils ont été fondez pour inſtruire les Peuples de la Campagne, de l'agrément des Curez; ils font, par état, les Cooperateurs des Curez. La Bulle ne permet au General de s'étendre, & d'acquerir de nouvelles maifons, que fous la condition expreffe de ne point toucher aux droits des Curez & des Paroiffes. *Etiam fine Parochorum & jurium Parochialium & aliorum quorumcumque præjudicio erigas & inſtituas.* Cette claufe feule feroit décifive.

6°. Enfin, cette Bulle n'a été enregiſtrée qu'avec les modifications qui avoient été appofées, le 4 Avril 1631, aux Lettres Patentes confirmatives de l'établiffement des Miffionaires. Or, les Curez de Paris s'étoient oppofez à l'enregiſtrement de ces premieres Lettres Patentes; & pour empêcher l'effet de cette oppofition, les Miffionaires fe font engagez folemnellement de ne point travailler dans les Villes où il y auroit Archevêché, Evêché, ou Préfidial. Les droits des Curez de Paris ont donc été mis à couvert par cet enregiſtrement ; & la Bulle d'Urbain VIII. qui eſt venuë depuis, & dont l'enregiſtrement eſt rélatif au premier, n'a pû leur porter aucun préjudice; par conféquent, les Miffionaires ne peuvent l'oppofer au Curé de Saint Nicolas du Chardonet. Si la Bulle d'Urbain VIII. ne forme point un titre fuffifant pour établir l'exemption que les Superieurs des Bons-Enfans veulent s'attribuer ; la qualité de Congrégation, qu'ils fe donnent, ne merite pas plus de confideration.

Les Curez font, de Droit commun, les Pafteurs de tous ceux qui réfident dans leur Territoire. La divifion des Paroiffes eft réelle, & le lieu dans lequel on demeure, fixe la Paroiffe de laquelle on dépend: Or, le droit d'adminiftrer les Sacremens, & celui d'enterrer, qui en eft, felon Panorme, & les autres Canoniftes, une fuite néceffaire, appartiennent aux Curez, dans toute l'étenduë de leur Paroiffe. Donc, de ce que la Maifon des Bons-Enfans eft fituée dans les limites de Saint Nicolas, il s'enfuit, qu'elle doit être foumife au Curé de cette Paroiffe, fi elle n'a un privilege fpécial qui l'en excepte.

Les Congrégations & Communautez ne font point diftraites par leur état du reffort des Paroiffes. Gerfon, *L. de Confil. Evang.* nous apprend, que dans leur origine, les Moines eux-mêmes étoient foumis aux Curez. *Religiofi erant fubditi Parochialibus Curatis à quibus & recipiebant Ecclefiaftica Sacramenta.*

Si on les a exceptez, par la fuite, ce n'a jamais été qu'à titre de Privilege, & l'on a laiffé fubfifter plufieurs veftiges de la premiere autorité des Curez. Ainfi, il eft conftant, qu'une Communauté ne peut former un nouvel établiffement, dans une Ville, fans le contentement de l'Evêque, des Habitans & des Curez. Ainfi, plufieurs Monafteres payent, aux Paroiffes, un cens, qui eft comme le prix de leur exemption : Ainfi, la Jurifprudence ne permet point aux Evêques, d'exempter les Hôpitaux, ou autres Communautez des Paroiffes, fans l'agrément des Curez & des Paroiffiens, ou du moins, fans avoir conftaté un refus injufte de leur part.

Plufieurs Communautez font encore foumifes aux Curez. Les Filles de la Croix reconnoiffent les Curez des Paroiffes dans lefquelles elles font fituées. Le Curé de Saint Mery eft dans l'ufage & la poffeffion d'adminiftrer & d'enterrer les Religieufes de Sainte Avoye. Les Miramiones dépendent du Curé de Saint Nicolas. La Communauté de Saint Nicolas du Chardonet n'eft pas exempte de la Paroiffe. Les Chanoines qui demeurent hors de leur Cloître, ne le font pas davantage, fuivant M. Talon, qui l'a fait juger par Arrêt du Parlement, en faveur des Curez d'Orleans, contre le Chapitre de Saint Aignan. Il y a un Arrêt femblable, pour le Curé de Sainte Croix de Provins, contre la Collegiale de cette Ville.

Enfin, quand on pourroit dire que les Communautez font aujourd'hui, de Droit commun, exemptes des Paroiffes, ce principe n'auroit point d'application aux Miffionaires, parce qu'ils font Séculiers; leur établiffement n'eft qu'une fimple fondation de Prêtres, deftinez à faire des Miffions ; on en fort quand on veut, la Maifon renvoye ceux qu'elle juge à propos. Les Miffionaires fe croyent en droit de fucceder à leurs parens ; & dans le fait, ils heritent de leurs familles. On ne peut donc les comparer aux Reguliers, & s'ils prétendent s'autorifer des P. P. de l'Oratoire, qui font les feuls aufquels ils peuvent être affimilez, il faut fe fouvenir, que ce n'eft point comme Congrégation, que les P. P. de l'Oratoire font exempts des Paroiffes ; mais à titre de Privileges exprès, qui leur ont été accordez. Ainfi, la Maiſon de Saint Honoré a un titre particulier contradictoire avec le Curé de Saint Germain l'Auxerois.

Mais, quand l'exemption des Miſſionaires ſeroit certaine, les Superieurs des Bons-Enfans pourroient-ils en joüir?

1°. La Maiſon des Bons-Enfans eſt College, & comme telle, les Miſſionaires, qui en ſont Adminiſtrateurs, ſont ſoumis à la Paroiſſe. Le College d'Arras, adminiſtré par des Benedictins, n'eſt pas exempt de Saint Nicolas. On rapporte un extrait mortuaire qui juſtifie que le 19 Juillet de l'année derniere, Dom Charles de Vallory, Superieur de ce College, a été enterré à Saint Nicolas en preſence de pluſieurs Religieux.

2°. Il y a des titres particuliers, qui ne laiſſeront jamais aux Superieurs des Bons-Enfans, la liberté de ſe ſouſtraire à l'autorité de la Paroiſſe. La Bulle d'érection de la Chapelle des Bons-Enfans, permet d'y célébrer l'Office Divin; mais ſans préjudice des droits du Curé, *Parochialis Eccleſiæ jure ſalvo.* Le titre d'érection de cette Chapelle eſt encore plus précis; l'Evêque de Paris y ordonne expreſſément, que les droits du Curé de Saint Nicolas reſteront dans leur entier; que lui ſeul adminiſtrera les Sacremens dans la Maiſon. *Nec alicui Eccleſiaſtica Sacramenta, ſive ſit de Domo, ſive de extra, exhibebunt, ſine licentiâ Præsbyteri Sancti Nicolai ſpeciali;* & qu'il n'y aura point de Cimetiere particulier, *nec habeant Cimeterium.* Enfin, la Bulle d'Urbain VIII. n'a été fulminée, qu'avec une réſerve expreſſe, en faveur des droits du Curé de Saint Nicolas. *Et ſine præjudicio concordatorum & tractatuum inter Rectores, ſeu Curatos ejuſdem Eccleſiæ Sancti Nicolai à Cardineto prædeceſſores dicti venerabilis viri Magiſtri Georgii Froger intervenientis, & Primarios ſeu Magiſtros dicti Collegii Bonorum Puerorum nuncupati.*

L'acte de fulmination eſt du 27 Novembre 1634, & dès 1631, les Miſſionaires étoient établis dans la Maiſon des Bons-Enfans; par conſéquent, cette réſerve empêche que la Bulle ne puiſſe avoir ſon exécution dans la Maiſon des Bons-Enfans; & que le Curé de Saint Nicolas ne reconnoiſſe l'exemption de la Bulle d'Urbain VIII. quand même elle ſeroit auſſi conſtante qu'elle eſt incertaine.

3°. Il eſt vrai que les Miſſionaires prétendent ſe garantir de ces titres, en mettant une diſtinction entre le College & le Seminaire; mais cette diſtinction imaginaire eſt-elle capable de leur aſſûrer l'exemption qu'ils reclament? 1°. Il eſt conſtant, par l'atteſtation du Sr. Neveu, Ex-Recteur, du 12 Janvier 1742, qu'il y a actuellement dans le College un Miſſionaire, faiſant fonction de Principal, & un autre, faiſant fonction de Procureur. Ces deux Miſſionaires ne peuvent jamais être exempts de la Paroiſſe; les titres ſont trop clairs & trop précis. 2°. Dans le fait, ce ſont les mêmes perſonnes qui ſont Superieurs du College & du Seminaire; & quand le Curé de Saint Nicolas ne pourroit demander, qu'ils lui fuſſent ſoumis, à titre de Superieurs du Seminaire, ils le ſeroient par l'autre qualité. 3°. Le College & le Seminaire ne ſont réellement qu'une ſeule & même Maiſon, qui renferme, en même-tems, des Ecoliers & des Seminariſtes, il n'y a qu'une ſeule Chapelle pour tous. Ce ſont les mêmes Superieurs qui conduiſent les uns & les autres. 4°. Le titre de Seminaire ne produit point une exemption des Paroiſſes: Donc les Miſſionaires ne peuvent ſe prétendre exempts, que parce que le Seminaire étant une

Maiſon de la Congrégation, le Privilege general devroit s'étendre à cette Maiſon. Mais, s'il étoit vrai que le Privilege d'une Congrégation dût ſe tranſmettre dans toutes les Maiſons qui en dépendent, les Miſſionaires devroient reclamer l'exemption comme Collège, puiſque le Collège leur appartient. Les Superieurs du Collège d'Arras ſeroient en état de demander l'exemption par le même principe, & même le Privilege de la Bulle d'Urbain VIII. étant réel & perſonnel, tout à la fois, les Miſſionaires devroient prétendre l'exemption, non-ſeulement pour eux, mais pour ceux qui demeurent dans le Collège & dans le Seminaire. 5°. L'oppoſition des Curez de Saint Nicolas, à la Bulle d'Urbain VIII. a pour objet, de préſerver la Paroiſſe de Saint Nicolas, de tout Privilege que la Bulle pourroit renfermer, & de mettre les Miſſionaires dans l'impoſſibilité d'en faire uſage contr'elle. Cette oppoſition doit donc s'étendre juſqu'au Seminaire, & empêcher la tranſmiſſion du Privilege.

Enfin, ſi les Privileges des Congrégations ne s'étendent point aux Colleges qui ſont régis par les Membres de ces Congrégations, c'eſt que les Collèges étant ſoumis aux Paroiſſes, par leur état, les Religieux qui en deviennent Superieurs, entrent dans toutes les charges & dépendances de cette place; & par conſéquent, perdent leur Privilege perſonnel, qui eſt incompatible avec elle.

Or, il en eſt de même des Seminaires; les Miſſionaires n'ont que l'adminiſtration du Seminaire; ils n'en ſont établis par M. le Cardinal de Noailles, que les Directeurs. Les Colleges & Seminaires ne ſont point des Maiſons de la Congrégation, les Superieurs n'y ſont point Corps, ce ſont des Membres d'une Congrégation, qui ſont choiſis pour les adminiſtrer & les gouverner, & qui, par-là, rentrent dans l'état de ſimples Superieurs de Collège ou de Seminaire.

Ainſi, ſous quelque qualité que les Superieurs des Bons-Enfans invoquent le Privilege, qui donne lieu à la conteſtation, leurs prétentions ſont également inſoutenables. A titre de Superieurs du Collège, ils conviennent eux-mêmes, qu'ils n'en pourroient faire aucun uſage : A titre de Directeurs du Seminaire, ils n'ont certainement pas un droit plus réel, ſoit parce que les Lettres d'établiſſement de M. le Cardinal de Noailles ne leur accordent aucune exemption, ſoit parce que les trois Miſſionaires qui adminiſtrent cette Maiſon, étant en même-tems, Superieurs du Collège & du Seminaire; cette derniere qualité ne peut les affranchir de la dépendance, dans laquelle l'autre les place néceſſairement.

Enfin, comme Miſſionaires, ils n'ont point d'autre titre que la Bulle d'Urbain VIII. & cette Bulle eſt incapable d'appuyer le privilege; & en ſuppoſant qu'il y fût établi, il ne pourroit jamais accompagner les Miſſionaires dans la Maiſon des Bons-Enfans, parce qu'ils n'en ont que l'adminiſtration.

Mᵉ. MEY, Avocat.

De l'Imprimerie de PAULUS-DU-MESNIL, Grand'Salle du Palais, au Pilier des Conſultations, & ruë Ste. Croix en la Cité. 1742.

Ainſi Jugé par Arreſt rendu En Laudience du grand conseil Le vendredi 2 Mars 1742 Sur les conclusions de M. Le Bret Avocat général.